Heather Patterson Mary Jane Gerber

Merci l'automne!

Texte français d'Isabelle Allard

Éditions SCHOLASTIC

À mes parents, qui
m'ont montré la beauté
de la nature et la nature
de l'amour.
— H.P.

À Ted, Patrick, Rebekah
et notre ami Zip. Je vous
remercie tous beaucoup.
— M.J.G.

Les illustrations de ce livre ont été réalisées à l'aquarelle et au crayon.

Catalogage avant publication de Bibliothèque et Archives Canada

Patterson, Heather, 1945-
[Thanks for Thanksgiving. Français]
Merci l'automne / Heather Patterson ; illustrations de Mary Jane
Gerber ; texte français d'Isabelle Allard.

(Je peux lire)
Traduction de: Thanks for Thanksgiving.
ISBN 978-1-4431-2835-3

1. Poésie enfantine canadienne-anglaise. I. Gerber, Mary Jane
II. Allard, Isabelle III. Titre. IV. Titre: Thanks for Thanksgiving.
Français. V. Collection: Je peux lire!

PS8581.A788T4214 2013   jC811'.54   C2013-901811-5

Édition publiée par les Éditions Scholastic,
604, rue King Ouest, Toronto (Ontario) M5V 1E1 CANADA.

5 4 3 2 1 Imprimé à Singapour 46   13 14 15 16 17

et pour cette partie
de hockey amicale.

Merci pour le beau ciel bleu

et pour les oiseaux
qui nous disent adieu.

Merci pour les
arbres dorés

et pour les feuilles qui craquent
sous nos pieds.

Merci pour
les pommes juteuses

et pour les tartes chaudes et savoureuses.

Merci pour ce repas extraordinaire

et pour l'amour qui flotte dans l'air.

Merci pour les odeurs délectables…

c'est l'heure de passer à table!

merci pour les visages réjouis,

merci pour les citrouilles rebondies,
merci pour la fraîcheur de la nuit.

C'est l'Action de grâce... Merci!

Note à l'intention des enseignants et des parents
L'Action de grâce au Canada

Chaque année depuis 1957, les Canadiens célèbrent cette fête le deuxième lundi d'octobre. En 1879, lorsque le Parlement l'a proclamée jour férié national, l'Action de grâce avait lieu le 6 novembre. Cette date a changé à plusieurs reprises par la suite. Toutefois, dans la plupart des familles, on célèbre cette fête afin de souligner « tous les bienfaits dont jouit le peuple du Canada ».

Les origines de cette fête sont multiples. Il y a longtemps, les fermiers européens remplissaient de fruits et de céréales une corne de chèvre en signe de gratitude pour l'abondance des récoltes. En 1578, Martin Frobisher a organisé le premier festin d'Action de grâce « canadien » après avoir survécu au long voyage de l'Angleterre au Labrador. Samuel de Champlain a fondé l'Ordre de Bon Temps en 1606, partageant le repas de fête des pionniers français avec ses voisins Mi'kmaq. En 1621, à Plymouth, au Massachusetts, les Pères pèlerins ont célébré leur première récolte au Nouveau Monde, influencés par les cérémonies de la moisson de la tribu des Wampanoags. En 1750, cette coutume a atteint la Nouvelle-Écosse, et les loyalistes de l'Empire britannique l'ont bientôt propagée dans le reste du pays.

Le repas traditionnel de l'Action de grâce que l'on savoure en famille évoque le festin dégusté il y a des centaines d'années. Ce repas est généralement composé des aliments typiques de ce nouveau territoire : dinde sauvage, pain de maïs, canneberges, courge et citrouille.